우리 조상의 유배 이야기

글쓴이 이소정

대구가톨릭대학교에서 심리학을 전공하고, 현재 출판 편집자로 일하고 있습니다.
우리 역사에서 주목받지 못한 곳을 직접 찾아다니며 '우리역사기행' 회원으로 활동하고 있습니다.
작품으로 『가야사 이야기』, 『벽화로 보는 고구려 이야기』가 있습니다.

그린이 이은미

연세대학교 영문학과를 졸업하고, 한국영화아카데미에서 애니메이션 연출을 전공했습니다.
단편 애니메이션 〈In Your Eyes〉와 장편 애니메이션 〈제불찰씨 이야기〉를 연출했습니다.
작품으로 『상사가 없는 월요일』, 『프라하』, 『반구대 암각화 이야기』 등의 표지 및 삽화 일러스트가 있습니다.

우리 조상의 유배 이야기

글 이소정 | 그림 이은미

리젬

차례

머리말 ⋯ 6

유배의 역사

유배란 무엇인가요? ⋯ 10

유배지는 어떻게 정해졌나요? ⋯ 12

유배에는 어떤 종류가 있나요? ⋯ 16

유배를 떠나는 길은 어땠나요? ⋯ 18

유배자는 어떤 사람이 관리했나요? ⋯ 22

왕족들의 유배 생활은 어땠나요? ⋯ 24

천주교 신자들도 유배를 갔나요? ⋯ 26

하멜 아저씨도 유배를 갔나요? ⋯ 28

유배를 떠난 동물도 있었나요? ⋯ 32

나으리, 제주도까지 가려면 갈 길이 멉니다요.

아이고, 나 죽네…….

유배를 떠났던 인물

단종 ··· 38

연산군 ··· 40

조광조 ··· 42

허균 ··· 44

정온 ··· 46

광해군 ··· 48

윤선도 ··· 50

김만중 ··· 52

정약용과 정약전 ··· 54

김정희 ··· 58

유배지에서 보낸 편지

두 아들에게 당부하며(정약용) ··· 62

아내를 그리워하며(김정희) ··· 66

신분을 뛰어넘어(허균) ··· 68

찾아보기 ··· 70

머리말

형벌이었던 유배를 통해 당시 역사를 이해하고, 역사 속 인물을 들여다보는 계기가 되었으면 합니다

초등학교 5학년 도덕 교과서에 〈다산 선생의 가르침〉이라는 글이 나옵니다. 다산 정약용(1762~1836) 선생의 이야기를 통해 현대를 살아가는 우리들도 성실하게 살아야 한다는 교훈을 주고 있습니다. 이 글에는 다산 선생이 18년 동안 귀양살이를 했다고 적고 있습니다. 멀리 전라남도 강진에서 유배 생활을 하면서 『목민심서』, 『경세유표』와 같은 훌륭한 책을 남겼다고도 적고 있습니다. 하지만 유배 생활에 대한 자세한 이야기는 없습니다.

이 책은 유배에 관한 이야기를 담고 있습니다.

역사는 늘 당대 중심에 서 있는 인물 위주로 기록됩니다. 유배를 떠난 사람들에 대한 구체적인 기록은 빠지기 마련입니다. 그래도 유배를 떠난 사람들의 기록이 많이 남아 있는 것은 유배지에서 좋은 글을 많이 남겼기 때문입니다. 그만큼 그 시대에 걸출한 인물들이 유배를 떠난 것입니다.

정약용 선생은 젊은 나이에 경기도 암행어사를 비롯하여 금정찰방 곡산부사 등의 관직에 올라 피폐해진 농촌을 직접 둘러보고 사회를 개혁하고자 다양한 방법을 찾던 인물이었습니다. 그러다가 1800년 정조가 죽은 후, 1801년 2월, 힘을 얻은 벽파가 남인과 시파를 제거하기 위해 천주교도들이 청나라 신부 주문모를 끌어들여 역모를 꾀했다는 죄명을 내세워 신유사옥을 일으킵니다. 이 사건으로 정약용은 그의 형인 정약전, 정약종과 함께 체포되어 경상북도 포항 장기로 유배되었습니다. 그리고 11월에는 전라남도 강진으로 옮겨갑니다.

이렇듯 당시 귀양살이하는 사람들은 대역죄인이라기보다는 반대파에 의한 유배였습니다.

이 책은 유배의 과정을 자세히 들려주고 있습니다. 유배를 떠나는 길과 유배지에서의 생활을 그림과 글로 보여줍니다. 신분의 높고 낮음에 따라 달라지는 유배 길, 코끼리도 떠났던 유배 길, 『하멜표류기』를 썼던 네덜란드인 하멜의 유배 이야기 등 특이한 유배 이야기도 실었습니다.

임금이 죄인의 생사여탈권을 쥐고 있었던 당시를 생각하면, 유배는 작은 인심이 통한 형벌이라고 볼 수 있을 것입니다. 한 시절 된서리만 피하면 다시 조정으로 불릴 것이라는 나름의 희망을 준 형벌이라고도 할 수 있을 것입니다. 18년간의 귀양살이를 끝내고 다시금 임금의 부름을 받고 조정으로 들어간 정약용을 보면 그러합니다.

하지만 그 희망이 끝내 통하지 않았던 사람도 많았습니다. 정약용의 형이었던 정약전은 유배지인 흑산도에서 생을 마쳤고, 조선의 여섯 번째 왕이었던 단종도 유배지인 영월에서 사약을 받아야 했습니다.

유배는 벌을 주는 쪽과 벌을 받는 쪽, 양쪽이 거리를 둠으로써 서로를 좀 더 이해하려는 제도였고, 그 거리를 좁히지 못하면 영영 살아서 돌아오지 못하는 무서운 벌이었습니다.

유배가 어떤 형벌인지 알려주고, 유배를 떠난 사람들에 대한 이야기를 들려주기 위해 이 책을 묶었습니다. 역사를 통해 현실을 뒤돌아보는 계기가 되었으면 합니다.

2012년 2월 이소정

유배의 역사

- 유배란 무엇인가요?
- 유배지는 어떻게 정해졌나요?
- 유배에는 어떤 종류가 있나요?
- 유배를 떠나는 길은 어땠나요?
- 유배자는 어떤 사람이 관리했나요?
- 왕족들의 유배 생활은 어땠나요?
- 천주교 신자들도 유배를 갔나요?
- 하멜 아저씨도 유배를 갔나요?
- 유배를 떠난 동물도 있었나요?

유배란 무엇인가요?

유배는 죄를 지은 사람들을 먼 곳으로 쫓아내어 자유롭게 활동할 수 없도록 만드는 것을 말합니다. 죄를 지은 조상들은 걷고 또 걸어서 남해까지 가기도 하고, 배를 타고 제주도로 가기도 했습니다. 유배를 떠난 죄인들은 유배지에서 죽거나, 다시 왕의 부름을 받고 한양으로 올라와서 공직을 수행하기도 했습니다.

유배제도의 기원은 명확히 알려져 있지 않습니다. 다만 『삼국사기』*에 기록된 것으로 보아, 삼국시대부터 행해진 것으로 추측할 수 있습니다. 유배제도는 중국의 법률에 따라 고려시대 이후에 정해졌습니다. 조선시대에는 주로 제주도로 유배를 보냈습니다. 제주도는 한양에서 가장 멀리 떨어져 있고, 사방이 푸른 바다로 둘러싸여 있어서 유배지로는 안성맞춤이었습니다.

삼국사기 1145년 고려시대에 김부식이 임금의 명을 받아 만들었습니다. 신라, 고구려, 백제 세 나라의 역사를 담았으며, 『삼국유사』와 함께 우리나라에 전하는 가장 오래된 역사책입니다.

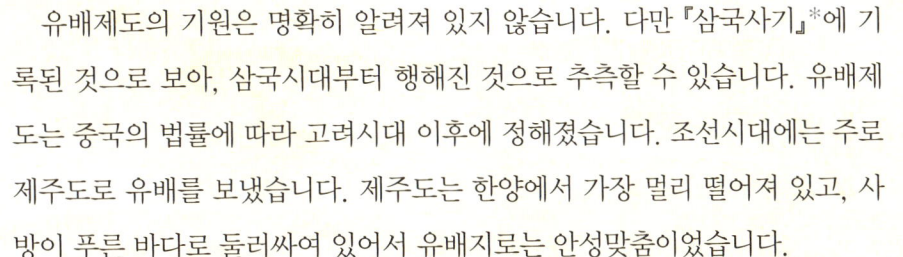

유배지는 어떻게 정해졌나요?

유배지는 죄의 무게에 따라 정해졌습니다. 죄가 무거울수록 유배지는 한양에서 멀어졌습니다. 죄인이 사는 곳에서 유배지까지의 거리에 따라 2천 리, 2천5백 리, 3천 리의 세 등급으로 나누어 유배를 보냈습니다.

하지만 이러한 규정은 중국 명나라의 법률을 따라서 한 것이었습니다. 그래서 중국과 달리 국토가 좁은 우리나라는 그 규정을 지킬 수가 없었습니다. 따라서 조선 초기에는 사는 지역에 따라 유배지를 미리 정해 놓았고, 후기에는 유배지로 바로 가지 않고 일부러 구불구불 돌아 정해진 거리를 채우며 갔습니다.

조선시대 유배지는 전국에 400여 곳이 있었습니다. 이 중 제주도, 거제도, 흑산도는 조선의 3대 유배지입니다. 이곳은 모두 한양에서 거리가 멀고, 기후 변화가 심하고, 물자를 얻는 것이 쉽지 않았기 때문에 마을 사람들조차도 살기 어려웠습니다.

특히 제주도는 한양에서 가장 멀리 떨어져 있기 때문에 조선시대 많은 조상들이 이곳으로 유배되었습니다.

당시 제주도에는 3개의 읍이 있었습니다. 제주목, 정의현, 대정현이었는데, 이 중 대정현에는 큰 죄를 짓고 유배를 온 사람들이 많았습니다. 대정현은 제주도에서도 가장 바람이 세고 살기 힘든 곳이었기 때문입니다. 특히 대정현의 포구 '모슬포'라는 곳은, 사람이 살지 못하는 곳이라고 하여 '못살포'라고 부르기도 했습니다.

이 밖에 추자도라는 조그만 섬에도 유배를 많이 보냈습니다. 추자도는 제주도에 가기 전에 있는 섬입니다. 정조 때 추자도로 유배된 안조환이 '하늘이 만든 지옥'이라고 말할 정도로, 최악의 유배지였습니다.

제주도 대정현의 김정희 유배지

추자도

조선시대에는 어떤 형벌이 있었나요?

　조선시대에는 다섯 가지의 형벌이 있었습니다. 죄의 무게에 따라 벌의 강도도 달랐습니다. 조선시대에는 태형, 장형, 도형, 유형, 사형으로 구분하여 벌을 주었습니다. 먼저 태형은 회초리로 볼기를 때리는 가장 가벼운 형벌입니다. 장형은 물푸레나무나 버드나무로 만든 곤장으로 볼기를 치는 형벌입니다. 도형은 죄인에게 힘든 일을 강제로 시키는 것으로 지금의 징역형과 비슷합니다. 일정 기간 동안 죄인을 노예처럼 부리며 온갖 힘든 일들을 시켰습니다. 유형은 매우 큰 죄를 저지른 사람을 차마 죽이지 못하고, 먼 지방으로 유배를 보내는 형벌입니다. 마지막으로 가장 무서운 형벌인 사형이 있습니다. 사형은 교형과 참형으로 나눌 수 있습니다. 교형은 목을 매달아 죽이는 형벌이고, 참형은 죄인의 목을 베는 형벌입니다. 용서받지 못할 정도로 큰 죄를 지은 죄인은 가장 끔찍한 형벌인 참형에 처해졌습니다. 또한 죽이고 나서도 땅에 묻지 못하도록 했습니다.

유배에는 어떤 종류가 있나요?

유배는 크게 부처와 안치로 나눌 수 있습니다. 먼저 부처는 유배된 일반 관리들을 유배지에 도착하기 전, 유배지 인근에 머물게 하는 것입니다. 안치는 유배된 왕족이나 고위 관리들을 정해 놓은 유배지 안의 일정한 장소에 가두는 것입니다. 죄인을 고향으로 유배 보내는 것을 본향안치라고 하며, 외딴섬으로 유배 보내는 것을 절도안치라고 합니다. 그리고 집 둘레에 가시가 있는 나무를 심고 울타리를 만들어 밖으로 나가지 못하게 하는 것을 위리안치라고 합니다. 울타리는 주로 남쪽 섬 지방에 많이 있는 탱자나무를 이용하여, 5~9미터 정도로 높게 만들었습니다. 집 안으로 빛이 들어오지 못하게 막기 위해서였습니다. 위리안치를 받은 사람은 가족과 함께 살 수도 없었습니다. 그리고 대문을 항상 잠가 놓고 담장 안에 우물을 파서 생활하도록 했습니다. 다만 열흘에 한 번 음식을 넣어 줄 때만 문을 열었습니다. 다른 사람과 절대 만날 수 없었기 때문에 '산 사람의 무덤'이라 불리기도 했습니다.

유배를 떠나는 길은 어땠나요?

유배자는 어떤 사람이 관리했나요?

의금부 조선시대의 사법(司法)기관으로 주로 왕의 명령을 거역하는 사람을 처벌했습니다.

형조 조선시대에 법, 형벌, 감옥, 노예 등에 관한 일을 맡았던 관서입니다.

유배지까지 가는 길에 죄인을 맡아 관리하는 사람은 죄인의 신분에 따라 달랐습니다. 관리일 경우에는 의금부*에서 맡았고, 관리가 아닌 경우에는 형조*에서 맡았습니다.

역졸 한 명이 일정 지역까지 호송을 한 다음, 다른 사람에게 넘겨주었습니다. 호송관은 죄인을 유배지까지 직접 호송해야 하는 게 의무이지만

실제로 함께 가지 않는 경우도 많았습니다. 따로 유배 길에 올라 숙박지에서 죄인을 확인하거나 유배지에 도착한 날짜만 확인하는 경우도 있었습니다.

　유배를 온 죄인의 의식주는 그곳에 살고 있는 사람들이 맡았습니다. 유배지에서는 유배를 온 죄인에게 거주지를 마련해 주고, 백성들이 집집마다 날짜를 정해 음식을 전해 주었습니다. 또는 고을에 살고 있는 모든 주민들에게 먹을 것을 거둬, 죄인이 살고 있는 집의 주인에게 건네주기도 했습니다. 죄인이 복직이 될 것 같으면 서로 아부하며 잘 대해 주었습니다. 하지만 그렇지 않을 경우에는 관리들과 고을 사람들에게 무시당하는 일이 많았습니다. 한 고을에는 대체로 유배를 온 죄인들이 열 명을 넘지 않았습니다. 영조 때에는 전라감사가 유배 온 사람이 너무 많아 사람들이 모두 굶고 있으니, 유배된 사람들을 다른 지역으로 옮겨 달라고 요청하기도 했습니다.

왕족들의 유배 생활은 어땠나요?

조선시대 관리들은 비교적 자유롭게 유배 길을 떠났지만 왕족들은 끊임없는 감시를 받아야 했습니다.

나라를 배반한 경우에는 바로 유배를 당하거나 사약을 받기도 했습니다. 또한 가족들도 한양에서 쫓겨나 유배를 떠나야 했습니다.

1844년, 철종은 왕이 되기 전에, 형인 회평군의 역모 사건으로 가족과 함께 강화도로 유배되었습니다. 그곳에서 철종은 왕이 되기 전까지 농사를 지으며 살았습니다. 철종은 왕이 되었지만, 유배된 왕족들은 대부분 집으로 돌아오지 못하고 유배지에서 생을 마감해야 했습니다.

　연산군과 광해군은 왕위에서 쫓겨나 유배되었습니다. 이들은 살아 있는 동안 왕위에서 쫓겨났기 때문에 죽은 왕에게 올리던 시호(諡號)*를 받지 못했습니다. 그래서 '-조', '-종'이라는 왕의 이름 대신 세자 때의 이름으로 불립니다. 연산군과 광해군은 호송 책임관과 군졸들의 엄격한 감시 속에서 유배지로 이동해야 했습니다. 이들은 정치적인 이유로 유배되었기 때문에 위리안치를 피할 수 없었습니다. 하지만 이들은 가족과 함께 유배지로 가지 못하는 일반 관리들과는 달리 내관과 나인 몇 명을 데려가 시중을 받았습니다. 왕족이 스스로 의식주를 해결할 능력이 없었기 때문이었습니다.

　나라에서 유배된 왕족에게는 옷가지와 같은 약간의 생활필수품을 주었습니다. 또한 병에 걸릴 경우 의관이 내려와 치료해 주기도 했습니다.

　하지만 이들의 밥상은 궁궐에서 먹던 흰 쌀밥과 산해진미 대신 보리밥과 반찬 몇 가지가 전부였습니다.

시호 왕이나 재상이 죽은 뒤에 그들의 공덕을 잊지 않기 위해 붙인 이름입니다.

천주교 신자들도 유배를 갔나요?

1794년에 중국인 신부 주문모가 조선에 왔습니다. 주문모는 한양을 비롯해 전국에 천주교를 알렸습니다. 5년 후에는 전국의 천주교 신자가 1만여 명이나 되었습니다.

천주교가 널리 퍼지자 위협을 느낀 조정에서는 천주교를 탄압하기 시작했습니다. 하지만 천주교가 탄압을 받은 진짜 이유는 정권을 장악하려는 정치 세력들 간의 다툼 때문이었습니다. 그 당시 야당이었던 남인 중에서 천주교 신앙을 가진 이들이 많았기 때문이었습니다. 그리하여 300여 명에 가까운 천주교 신자들이 순교하거나 유배되었습니다. 이 사건을 신유박해 또는 신유사옥이라고 합니다.

유배를 간 천주교 신자들은 고을 백성들로부터 비웃음과 조롱을 받았습니다. 신자들은 유배지에서 담장 밖으로 절대 나갈 수 없었기 때문에 다른 사람들과 만날 수도 없었습니다.

황사영이라는 천주교 신자는 제천의 어느 산골로 달아나 숨어 지냈습니다. 천주교 탄압을 막기 위해 황사영은 비단에 글을 써서 북경에 있는 프랑스 선교부에 보내 도움을 청하려 했지만 그 전에 발각되었습니다. 그 후 상황은 더욱 안 좋아져서 자신은 물론, 남아 있던 천주교 신자들 대부분이 끔찍하게 처형당했습니다. 이 사건이 바로 황사영 백서 사건입니다. 이 사건으로 당시에 천주교는 더 이상 활동을 하지 못하게 되었습니다.

하느님을 믿는 것이 이리도 어렵다니…….

황사영 백서 사건과 정난주 마리아

1801년 천주교에 대한 박해가 일어나 중국인 주문모(周文謨) 신부를 비롯하여 많은 교회 지도자들이 체포되었습니다. 황사영은 초창기 천주교의 지도자로 당시 천주교 박해 사건의 상황과 필요한 대응책을 흰 비단에 적어 중국 베이징에 있는 구베아 주교에게 보내고자 했습니다. 그 비밀문서를 황사영 백서라고 합니다. 하지만 황사영의 백서는 발각되었고, 황사영도 체포되어 사형에 처해졌습니다.

황사영의 묘

제주도에 가면 대정성지가 있습니다. 여기에는 정난주 마리아의 무덤이 안치되어 있습니다. 정난주 마리아는 백서 사건으로 유명한 황사영의 부인이자 정약용의 형인 정약현의 딸입니다. 천주교를 널리 전하다가 제주도로 유배되어 종살이를 하며 살다가 숨을 거두신 분이랍니다.

정난주 마리아의 묘

하멜 아저씨도 유배를 갔나요?

하멜은 무역회사의 직원으로, 어느 날 넘실거리는 바다를 헤치며 돛단배를 타고 일본으로 출장을 갔습니다. 배에는 64명의 일행이 있었고 여러 가지 값비싼 물건들이 가득 쌓여 있었습니다. 1653년 8월 15일, 하멜 일행은 폭풍을 만나 우리나라의 제주도에 표류하게 되었습니다. 이때 살아남은 사람은 모두 36명이었습니다. 하멜 일행은 그곳에서 땔감을 얻고 텐트를 치며 지냈습니다.

참 희한하게 생겼군! 철저하게 감시하자구…….

그러던 어느 날, 하멜을 발견한 제주도의 군사들이 하멜 일행을 감시했습니다. 하멜 일행은 제주도를 다스리는 목사* 앞으로 불려 갔습니다. 목사는 하멜 일행을 따뜻하게 맞이했습니다. 하지만 얼마 후 새로운 목사가 오게 되었고 그 목사는 하멜 일행을 괴롭혔습니다. 하멜 일행이 탈출을 시도하자 그들에게 곤장을 심하게 때려 앓아눕게 만들기도 했습니다. 이 사건으로 일행 중 두 명이 죽었습니다.

목사 조선시대 관찰사 밑에서 목(牧)을 맡아 다스리던 관리입니다.

　왕의 부름을 받은 하멜 일행은 제주도에서 한양으로 보내졌습니다. 먼 거리를 이동하는 일이 너무 힘들어서 일행 중 한 명이 또 죽었습니다. 그리하여 모두 33명의 일행이 한양에 도착했습니다. 하멜은 왕에게 자신의 나라로 돌아가게 해 달라고 부탁했습니다. 하지만 왕은 부탁을 거절했고, 하멜 일행에게 군사 훈련을 시켜 왕의 호위대원이 되게 하였습니다.

　고향으로 돌아가고 싶은 하멜은 조선을 방문한 청나라 사신에게 탈출할 수 있게 도와 달라고 부탁했습니다. 하지만 청나라 사신은 부탁을 들어주지 않았습니다.

　왕은 하멜 일행이 탈출하지 못하도록 전라도 강진에 있는 전라 병영성으로 유배를 보냈습니다. 1656년 3월, 왕의 명령으로 하멜 일행은 유배 길을 떠났습니다. 전라병사는 하멜 일행이 지낼 수 있는 시골집을 마련해 주었습니다. 하멜 일행은 배에 싣고 왔던 물건 중 가죽을 되돌려 받았습니다. 그들은 한 달에 두 번, 시장이나 광장의 풀을 뽑고 청소를 했습니다.

　다음 해, 새로운 사령관이 부임해 왔습니다. 이때부터 무료로 제공되었던 땔감을 하멜 일행이 직접 구해야 했습니다. 하멜 일행은 땔감을 구하러 다니느라 몸이 다치기도 하고 옷이 너덜너덜해졌습니다. 게다가 정해진 쌀 이외에는 어떤 것도 얻을 수 없어 먹을 것도 너무 부족했습니다. 추운 겨울을 나기 위해 하멜 일행은 날마다 길거리나 농가를 찾아다니며 자신들의 나라에 대한 이야기나 노래와 춤을 보여 주며 구걸했습니다. 특히 하멜 일행은 사찰을 자주 방문했습니다. 스님들은 친절했기 때문에 하멜 일행의 이야기를 잘 들어주었습니다.

　1660년에 극심한 가뭄이 시작되더니 1662년 가을까지 이어졌습니다. 많은 사람들이 굶주리고 병들어 죽었습니다. 하멜 일행 중에서도 11명이 죽었습니다. 하멜은 이곳의 상황을 알리기 위해 왕에게 편지를 썼습니다. 며칠 후 왕은 하멜 일행을 여수, 순천, 남원 세 곳으로 나누어 배치하도록 명령했습니다. 하멜 일행은 병영을 떠나기가 무척 아쉬웠습니다. 힘들게 마련한 집과 정들었던 마을 사람들을 떠나고 싶지 않았습니다.

결국 하멜은 여수로 떠나게 되었습니다. 그런데 새로운 사령관이 바뀔 때마다 하멜은 힘든 일을 해야만 했습니다. 하멜은 이곳에서 하루빨리 탈출해야겠다고 생각하며 배를 구했습니다. 그러나 유배 중인 외국인에게 아무도 배를 팔려고 하지 않았습니다. 하지만 하멜은 배 값의 두 배를 주면서 사정했습니다. 겨우 배를 사게 된 하멜은 먹을 것 등 필요한 물건을 하나둘씩 배에 실었습니다.

1666년 9월, 하멜 일행은 드디어 탈출했습니다. 하멜 일행은 13년 동안이나 조선에 머물렀던 것입니다. 탈출 후, 하멜이 쓴 『하멜표류기』로 세계 여러 나라 사람들이 조선에 대해 알게 되었습니다.

『하멜표류기』는 어떤 책인가요?

『하멜표류기』는 네덜란드 사람인 하멜이 조선에 대한 이야기를 적은 책입니다. 1668년, 네덜란드 암스테르담에서 출판되었습니다. 당시 조선의 모습을 자세하게 기록한 이 책을 통해 유럽 사람들이 우리나라에 대해 처음 알게 되었습니다. 『하멜표류기』에는 여러 장의 그림도 함께 실려 있습니다. 그런데 우리가 알고 있는 조선의 모습과는 다르게 그려져 있답니다.

하멜 일행이 제주도에 상륙하는 모습

하멜 일행이 조선의 왕(효종)을 알현하는 모습

유배를 떠난 동물도 있었나요?

조선시대에는 사람이 아닌 동물이 유배를 간 일이 있었습니다. 바로 코끼리가 유배를 간 것입니다. 코끼리 하면 우선 기다란 코와 커다란 귀, 거대한 몸집이 먼저 떠오릅니다. 코끼리는 힘도 아주 셌기 때문에 고대 인도에서는 전쟁이 일어날 경우 코끼리를 이용하기도 했습니다.

1411년 2월에 일본의 왕, 원의지가 우리나라에 코끼리를 바쳤습니다. 그리하여 코끼리는 사복시에서 길러졌습니다. 사복시는 임금이 타는 말과 임금을 호위하는 군사들의 말을 관리하는 곳이었습니다.

코끼리를 처음 알게 된 사람들은 신기하기만 했습니다. 그러나 시간이 조금씩 지나자 문제가 생겼습니다. 덩치가 큰 코끼리의 밥값이 너무 많이 들었기 때문이었습니다. 코끼리가 하루에 먹는 음식은 4인 가족이 두 달 정도를 먹을 수 있는 양이었습니다.

그러던 어느 날, 이우라는 관리가 코끼리를 보러 갔습니다. 그는 코끼리를 보자마자 너무 못생겼다며 비웃고 침을 뱉었습니다.

상소 임금에게 글을 올리던 일 또는 그 글을 말합니다.

이우의 말을 듣고 행동을 본 코끼리는 몹시 화가 나서 가만히 있지 않았습니다. 결국 이우는 코끼리에게 밟혀 죽었습니다.

조정의 대신들은 죄를 지은 동물도 벌주어야 한다고 상소*를 올렸습니다. 코끼리의 살인 사건을 맡게 된 병조판서 유정현은 처음 접한 사건에 황당했습니다. 마침내 그는 코끼리를 유배 보내기로 했습니다. 결국 코끼리는 동물 최초로 전라도 순천부의 장도라는 섬으로 유배를 가게 되었습니다.

전라도 순천부의 장도

그런데 이곳에 먹을 것이라고는 바다풀이 전부였습니다. 몇 달 동안 밥을 먹지 못한 코끼리는 점점 살이 빠졌고, 사람들만 보면 눈물을 흘렸습니다. 코끼리를 불쌍하게 생각한 전라도 관찰사가 왕에게 이 사실을 보고했습니다. 왕은 코끼리의 유배를 풀어주었습니다. 그 후 코끼리는 예전처럼 사복시로 옮겨져 잘 지냈습니다.

하지만 코끼리가 너무 많은 음식을 먹자 전라도 지방관들에게 돌아가며 음식을 먹이도록 했습니다. 그런데 차츰 코끼리가 먹는 양이 늘어나자 전라도뿐만이 아니라 경상도, 충청도 등의 다른 고을을 돌아다녀야 했습니다.

그러던 중 또 하나의 사건이 일어났습니다. 충남 공주에서 코끼리를 돌보던 하인이 그만 코끼리의 발에 채여 죽고 말았습니다. 코끼리는 또다시 외로운 섬으로 보내졌습니다. 일본의 왕이 선물로 주었던 코끼리는, 결국 골칫거리가 되어 유배를 두 번씩이나 떠나는 신세가 되었습니다.
　그 후 시간이 지나 1421년 3월이 되었습니다. 코끼리를 유배 보냈던 세종대왕은 코끼리의 건강이 걱정되었습니다. 그래서 코끼리를 좋은 곳으로 데리고 가서 병들어 죽지 말게 할 것을 당부했습니다.

유배를 떠났던 인물

- 단종
- 연산군
- 조광조
- 허균
- 정온
- 광해군
- 윤선도
- 김만중
- 정약용과 정약전
- 김정희

단종

1450년, 세종의 맏아들이었던 문종이 임금이 되었습니다. 하지만 건강이 좋지 않아 2년 4개월 만에 세상을 떠났습니다. 1452년 문종의 뒤를 이어 열두 살인 단종이 임금이 되었습니다. 그런데 단종은 3년밖에 왕을 할 수 없었습니다. 세종의 둘째 아들인 수양대군(세조)에게 왕위를 뺏겼기 때문입니다.

수양대군은 임금의 자리를 호시탐탐 엿보고 있었습니다. 그리고 방해가 되는 사람을 하나둘씩 없애 버렸습니다. 문종의 유언에 따라 단종을 보살피던 신하들이 죽거나 유배지로 보내졌습니다. 이를 계유정난이라고 부릅니다.

이때, 수양대군의 친동생인 안평대군도 죽임을 당했습니다. 안평대군은 세종의 셋째 아들로, 수양대군의 세력에 맞섰던 인물입니다. 결국 수양대군은 임금이 되기 위해 친조카와 친동생의 목숨까지 앗아 갔습니다. 그리하여 1455년, 마침내 단종을 몰아내고 임금이 되었습니다.

단종은 임금의 자리에서 쫓겨난 뒤에 상왕으로 불렸습니다. 몇몇 신하들은 단종이 다시 임금이 될 수 있도록 노력했지만, 결국 1456년 6월 28일, 단종은 노산군으로 낮추어졌고, 군졸 50명의 호위를 받으며 영월로 유배되었습니다. 단종은 이듬해 10월 24일, 사약을 받고 17세의 나이에 세상을 떠났습니다.

강원도 영월의 청령포

단종의 유배지인 영월의 청령포는 마치 섬과 같습니다. 폭이 340미터쯤 되는 강물로 삼면이 둘러싸여 있고 한쪽은 험준한 절벽으로 막혀 있어서 배로 강을 건너지 않으면 밖으로 나갈 수 없었습니다.

단종이 머물던 곳에는 소나무 숲이 아주 울창했습니다. 여기에 있는 소나무를 관음송이라 합니다. 단종이 소나무에 걸터앉아 쉬는 모습을 보았는데(觀: 볼 관) 슬프게 오열하는 소리를 들었다(音: 소리 음)고 해서 관음송(觀音松)이라고 붙여진 이름입니다. 숲에는 훗날 영조가 백성들이 단종이 있었던 청령포에 들어가는 것을 막기 위해 세운 청령포 금표비가 있습니다.

또한 영월에는 노산대라는 곳이 있습니다. 노산대는 단종이 한양이 있는 쪽을 바라보았던 언덕입니다. 노산대 아래에 있는 망향탑은 단종이 자신의 앞날을 예측할 수 없어, 한양에 있는 왕비 송씨를 걱정하며 직접 돌을 주워 쌓아 올린 탑입니다.

청령포 금표비

연산군

부관참시 죽은 뒤 큰 죄가 드러난 사람에게 행해진 형벌입니다. 무덤을 파고 관을 꺼내어 시체나 목을 베었습니다.

언로(言路) 신하들이 임금에게 말을 올릴 수 있는 길을 말합니다.

연산군은 1494년, 아버지 성종이 세상을 떠나자 19세의 나이로 왕이 되었습니다. 초기에는 나라를 잘 이끌었지만, 임금이 된 지 4년 뒤부터 끔찍한 사건을 일으켰습니다. 그중 대표적인 것이 무오사화와 갑자사화입니다.

무오사화는 1498년, 『성종실록』을 만드는 과정에서 이극돈이라는 사람이 「조의제문」을 문제 삼으면서 시작되었습니다. 조의제문은 항우가 초나라 회왕을 죽인 것에 빗대어 단종을 죽이고 왕이 된 세조를 비난하는 내용의 글입니다. 연산군은 왕실을 모욕했다는 이유로 관련된 많은 선비들을 죽였습니다. 또한 조의제문을 쓴 김종직에게는 부관참시*의 형을 내렸습니다.

1504년에 일어난 갑자사화는 연산군의 어머니인 폐비 윤씨 사건에서 비롯되었습니다. 윤씨는 성종의 후궁이었지만 임금의 총애를 받아 왕비에 올랐습니다. 하지만 질투와 시기로 왕실을 어지럽혔기 때문에 궁궐에서 쫓겨나고 사약을 받았습니다.

뒤늦게 이 사실을 알게 된 연산군은 이 사건에 관련된 성종의 두 후궁뿐만 아니라 할머니 인수대비까지 죽였습니다. 그해 3월에서 10월까지 많은 신하들이 죽었으며, 이미 죽은 신하들은 부관참시를 당했습니다.

시간이 지나도 연산군은 나라와 백성을 돌보지 않았고 학문에 힘쓰지도 않았습니다. 홍문관과 사간원, 사헌부의 언로* 기능도 없애 버렸습니다. 또한 자신을 욕하는

연산군

강화도 교동

연산군의 유배터

신하들이 있다는 소문이 돌자, 관리들에게 말조심을 시켰습니다. 특히 입을 다물고 혀를 깊이 간직해야 몸이 편안할 것이라는 경고의 글이 적힌 '신언패'를 항상 목에 걸고 다니도록 했습니다. 또한 자신을 비난하는 글이 한글로 씌어 나온다고 하여 한글로 된 서적을 불사르기까지 했습니다.

임금이 된 자로 마음을 잘 다스리지 못했던 연산군은 결국 1506년 9월에 임금의 자리에서 쫓겨났습니다. 그리고 성종의 둘째 아들 진성대군이 왕위에 올랐습니다. 이를 '중종반정' 이라고 부릅니다.

중종반정 후, 연산군은 강화도 교동으로 유배되었습니다. 그리고 두 달 후, 전염병에 걸려 31세의 나이로 눈을 감았습니다. 교동은 해안과 가깝지만 조류가 빠르기 때문에 접근이 쉽지 않아 유배지로 적당한 곳이었습니다. 그리고 일반 관리들보다는 왕족의 유배지로도 유명합니다. 다른 지역보다는 가까이에서 유배된 왕족을 감시할 수 있었기 때문입니다. 현재 이 섬에는 연산군의 유배터만 남아 있습니다.

조광조

곧은 성품에 학문이 뛰어난 조광조는 젊어서부터 선비들에게 존경을 받았습니다. 그리고 벼슬길에 오르자마자 중종의 총애를 받으며 개혁을 이끌고자 노력했습니다. 특히 사리사욕을 채우기만 했던 훈구대신들에게 거침없이 비판을 했습니다. 훈구대신이란 나라에 큰 공을 세운 높은 신하들을 말합니다. 이들은 연산군을 쫓아내고 중종을 임금 자리에 앉힌 중종반정의 주요 인물들이었습니다. 훈구대신들은 자신들을 신랄하게 비판하는 조광조를 몰아낼 궁리를 했습니다.

한번은 나뭇잎에 벌레가 좋아하는 감즙을 발라 '주초위왕(走肖爲王)'이라는 글씨를 새겨 넣었습니다. 그 나뭇잎을 궁녀가 발견하게 하여 왕에게 바치게 했습니다. 주(走)와 초(肖)를 합하면 조(趙)자가 되니 조광조가 왕이 된다는 뜻이었습니다.

조광조

중종은 모함이라는 것을 알았지만 훈구대신들의 세력에 맞설 수 없었습니다. 또한 왕이 인의(仁義)를 기반으로 군자의 도를 몸소 실천해야 한다는 조광조의 주장에 부담을 느꼈습니다. 임금인 자신의 언행에 잘못이 있을 때조차도 전혀 겁먹지 않고 할 말을 하던 조광조가 귀찮기도 했습니다.

결국 조광조는 자신의 의지를 굽히지 않아 화순으로 유배를 가게 되었습니다. 조광조가 유배 길에 오를 때에 거리를 지나가던 모든 사람들이 옷깃을 모으고 절을 할 정도로 백성들은 그를 존경했습니다.

그러나 조광조는 한 달여 만에 사약을 받아 38세의 나이에 세상을 떠났습니다.

"내가 죽거든 관을 얇게 만들고 두껍게 하지 마라. 먼 길을 가기 어렵다."

조광조가 가족에게 남긴 유언입니다. 유언에서도 알 수 있듯이 조광조는 마지막 순간에도 선비의 꼿꼿한 자세를 잃지 않았습니다.

화순군 능주면 남정리에는 정암 조광조의 적려유허지가 있습니다. '적려'는 유배를 뜻하고, '유허'는 남은 흔적을 뜻하므로 유배 흔적이 남아 있는 곳을 말합니다. 그곳에는 조광조가 세상을 떠나고 149년이 흐른 후에 세운 '정암조선생적려유허추모비'가 있습니다. 그리고 유배 중에 머물었던 집인 적중거가, 영정을 모신 영정각, 애우당 등이 있습니다.

적려유허지의 애우당

정암조선생적려유허추모비

허균

허균은 조선 중기의 문신이었습니다. 우리나라 최초의 한글소설인 『홍길동전』을 지은 사람으로도 유명합니다. 다섯 살 때부터 글을 배우기 시작하여 아홉 살 때는 시를 지을 정도로 문학적인 재능이 뛰어났습니다.

하지만 허균은 조선시대의 유교관과는 다른, 파격적인 사상과 행동을 반복하여 역모죄로 낙인이 찍혔습니다. 유교 집안에서 태어나 유학을 공부했지만 불교와 도교에 대한 공부도 소홀히 하지 않았습니다. 특히 승려가 되려는 생각도 있었으며, 불교를 배우지 않았다면 삶을 헛되게 보낼 뻔했다고 말할 정도였습니다. 불교를 믿는다는 이유로 벼슬에서 물러나야 했지만 자신의 신념에는 아무런 흔들림이 없었습니다.

또한 중국에 가서 접한 새로운 문물과 서학에 남다른 관심도 가졌습니다. 이처럼 허균은 다양한 문화를 이해하고자 했습니다. 자신만을 위하는 생각에서 벗어나 신분이 낮은 사람들의 입장에서 정치를 했고 학문을 연구했습니다.

1611년 1월, 43세의 허균은 전라도 함열로 유배를 떠나게 되었습니다. 과거 시험의 답안지를 채점하였던 허균이 부정하게 자신의 친척을 합격시켰다는 혐의를 받았기 때문입니다. 이곳에서 허균은 『성소부부고』라는 문학작품을 남겼습니다. 이 책에는 「호민론」이라는 글이 실려 있습니다. 「호민론」은 백성을 항민, 원민, 호민의 세 유형으로 나누고, 그중 불의에 맞서 저항할 줄 아는

허균의 유배지 함열

호민이 중요하다는 이야기를 하고 있습니다. 호민은 깨어 있는 백성을 뜻합니다. 나랏일을 할 때에는 그런 백성을 두려워해야 나라가 망하지 않는다고 주장하고 있습니다.

그해 11월 12일에 유배에서 풀려난 허균은 한양에 잠시 다녀온 후, 부안으로 내려가 지냈습니다. 그리고 『홍길동전』을 썼습니다. 『홍길동전』은 의로운 도적을 소재로 하여, 신분 차별을 철폐하고 이상국인 율도국을 세운다는 내용입니다.

이처럼 허균은 혁명의 꿈을 이루고자 했으며 자유와 정의를 내세웠습니다. 시대를 너무 앞서간 허균은 결국 1618년 8월 24일, 역모를 모의했다는 혐의를 뒤집어쓰고 저잣거리에서 목이 베였습니다.

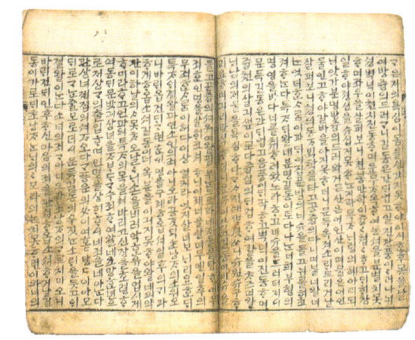

소설 홍길동전

허균·허난설헌 생가

강릉의 허균·허난설헌 생가

현재 강릉에는 허균·허난설헌의 생가가 있습니다. 허난설헌 역시 허균에 버금가는 천재 시인으로, 중국에까지 이름을 날린 허균의 누나였습니다. 허균·허난설헌 생가에는 남매의 외할아버지가 지은 애일당과 교산이라 불리는 뒷산이 있습니다. 교산은 용이 되어 하늘에 오르지 못한 뱀의 모습과 닮았다 하여 붙여진 이름입니다. 허균의 호 '교산'도 여기서 따온 것입니다.

생가 옆에는 허균·허난설헌의 기념관이 있습니다. 그곳에는 허균·허난설헌의 친필작품과 저서가 전시되어 있습니다.

정온

　1614년, 정온은 제주도 대정으로 유배를 떠났습니다. 정온은 임금인 광해군에게 「갑인봉사」라는 상소문을 올렸습니다. 상소문의 내용은 당시 지배 세력이 임금의 동생인 영창대군을 살해한 일을 비난하는 내용이었습니다. 이 사건으로 정온은 10년 동안 제주도에서 유배 생활을 했습니다. 이처럼 대쪽같이 곧은 성품을 지녔던 정온은 충절의 표본이라고 비유되기도 합니다.

제주도 대정현에 도착한 정온은 이곳의 기후가 남다르며 죄인이 살기에 적합한 곳이라고 말했습니다. 그리고 자신의 별호를 '고고자'라 했습니다. 고고자는 북을 치는 사람이란 뜻입니다. 어리석고 복잡한 마음을 가진 자신을 항상 깨우쳐야 한다는 의미를 담고 있습니다.

정온이 유배 생활을 해야 했던 집은 몸을 바로 세우기가 어려울 정도로 낮았고, 방도 좁아서 무릎을 움직이기도 힘들었습니다. 연기와 그을음으로 의관이 더럽혀졌고, 바깥에는 오늘날의 경비소가 사방에 있었습니다. 그곳에 살던 백성들은 이곳을 '산무덤'이라고 부를 정도였습니다.

유배 생활 동안 정온은 수백 권의 책을 읽었고, 밤늦도록 글을 쓰는 데 열중했습니다. 그곳에서 집필한 『덕변록』은 중국의 은나라 말기부터 남송에 이르기까지 어려운 환경을 딛고 올바른 삶을 살도록 노력한 59명의 글을 모아 놓은 것이었습니다.

1623년 광해군이 쫓겨나고 인조가 왕이 되자 정온은 한양으로 돌아올 수 있었습니다. 하지만 1636년, 인조가 청나라에 항복하자 울분을 참지 못하고 칼을 빼 스스로 자신의 배를 찔렀습니다. 다행히 중상만 입고 목숨은 건질 수 있었습니다. 그 후, 1637년에는 인조가 삼전도로 가서 청나라 황제에게 세 번 절하고 아홉 번 고개를 조아려야 했습니다. 삼전도의 굴욕 사건으로 정치에 뜻을 잃은 정온은 덕유산으로 들어가 혼자 조용히 지내다가 5년 후에 세상을 떠났습니다.

동계 정온 유허비

광해군

　조선 제15대 임금인 광해군은 1608년에 왕이 되었습니다. 광해군은 선조의 둘째 아들이었지만, 행동이 바르고 학식이 뛰어나 형인 임해군을 제치고 임금의 자리에 오르게 된 것입니다.

　광해군은 왕위에 오른 15년 동안 임진왜란으로 어지러워진 나라를 다시 일으켜 세웠습니다. 또한 백성을 편안하게 살도록 만들기 위해 끊임없이 노력했습니다. 뿐만 아니라 정치, 경제, 사회 등에서 많은 변화를 이루고자 했습니다. 특히 명나라에 기댄 사대주의에서 벗어나고자 했습니다. 즉, 광해군은 자주와 개혁 정신을 실천하는 임금이었습니다.

　그러나 권력을 잡고 있는 기존 세력들은 변화를 싫어했습니다. 기존 세력들은 점점 불만이 커졌고, 결국 1623년에 광해군을 임금의 자리에서 내쫓았습니다. 광해군이 임해군과 영창대군을 죽였고 인목대비를 궁궐 깊숙이 가두었다는 이유에서였습니다. 하지만 진짜 이유는 광해군이 자주적인 외교를 펼치며 여러 가지 개혁 정치를 했기 때문이었습니다. 광해군의 뒤를 이어 인조가 조선의 제16대 임금이 되었습니다. 이 사건을 '인조반정'이라고 합니다.

광해군의 첫 유배지, 강화도

광해군의 유배 생활은 18년 동안 이어졌습니다. 첫 유배지는 강화도였습니다. 그곳에서 아들과 며느리가 스스로 목숨을 끊었고 부인은 병으로 세상을 떠났습니다.

광해군의 유배지는 나라가 불안해질 때마다 바뀌었습니다. 강화도에서 충청도 태안, 다시 강화도, 그 다음은 교동, 마지막으로 제주도로 옮겨졌습니다. 한양에서 멀리 떨어진 제주도로 보내서 다시는 임금의 자리를 넘볼 수 없도록 하기 위해서였습니다.

광해군과 부인 유씨의 묘

광해군은 조선시대 당시에는 어리석은 임금이라 불렸습니다. 하지만 지금은 개혁 군주라고 불리기도 합니다. 하지만 성군이라 부르기에는 한계가 있습니다. 광해군은 주변 사람들의 이야기만 듣고 영창대군을 죽였고 인목대비를 폐비시켰기 때문입니다. 게다가 잘못을 지적하는 신하들을 뿌리치기도 했습니다. 허균이나 정온과 같이 올바른 소리를 하는 선비들을 유배 보낸 경우도 있었습니다.

광해군의 무덤은 경기도 남양주에 있습니다. 원래 임금이나 왕비의 무덤은 '능'이라고 부릅니다. 하지만 광해군의 무덤은 '묘'라고 부르고 있습니다. 광해군의 무덤을 다른 임금들의 무덤처럼 능이 아닌 묘라고 부르는 것은 임금의 자리에서 쫓겨났기 때문입니다. 무덤의 위치나 크기 또한 다른 능과 비교할 수 없을 정도로 초라합니다. 광해군의 묘 옆에는 부인 유씨의 묘가 나란히 있습니다. 강화도에서 세상을 떠나 그곳에 묻혀 있던 유씨는 광해군이 이곳에 묻히자 이곳으로 옮겨져 함께 묻혔습니다.

윤선도

윤선도는 조선시대 손꼽히는 학자였습니다. 윤선도는 학문뿐만 아니라 정치, 예술 전반에 걸쳐 깊은 관심이 있었으며 뛰어난 재능을 가지고 있었습니다. 또 자신의 주변에서 일어나는 일부터 나랏일에 이르기까지 몸소 실천하는 인물이었습니다. 그래서 노비, 어부, 농부, 가난한 사람 등에 대한 관심이 많았고, 그들에게 몸과 마음을 닦으며 행실을 바르게 할 것을 가르치곤 했습니다. 나랏일을 돌볼 때는 정성을 다했으며 의롭지 못한 일을 보면 결코 용납하지 않았습니다. 그 결과 세 차례에 걸쳐 십수 년의 유배 생활을 해야 했습니다.

1636년 병자호란으로 세상이 어지러워지자, 윤선도는 배를 타고 제주도로 향했습니다. 그러던 중 윤선도는 우연히 보길도를 보았습니다. 윤선도에게 보길도는 이상향이자 낙원이었습니다. 보길도의 부용동은 겹겹이 둘러싼 산봉우리가 마치 반쯤 피어난 연꽃 같다고 해서 붙여진 이름입니다. 윤선도는 보길도의 격자봉 밑에 낙서재라는 정자를 지었습니다. 그곳에서 윤선도는 자연과 친구가 되어 지냈습니다.

보길도의 부용동

하지만 윤선도는 나라가 어지러운데 편안함만을 추구했다는 이유로 유배를 가게 되었습니다.

유배에서 풀려난 윤선도는 다시 보길도를 찾아 그곳에서

십수 년을 살았습니다. 보길도가 윤선도의 고향인 해남 근처에 있어서 본향안치의 벌을 받은 곳으로 잘못 알고 있는 경우도 많습니다. 그러나 윤선도는 세상에서 벗어나 보길도에서 숨어 살았던 것입니다. 벼슬길에 머물러서는 선비답게 살기 어렵다는 것을 느낀 윤선도는 스스로 물러나 자연과 더불어 살고자 했습니다. 윤선도는 그곳에서 수많은 시를 남겼고, 그중 「어부사시사」는 우리나라 국문학사의 대표적인 작품입니다.

천지가 막혔으니 바다만은 여전하다. 지국총 지국총 어여차 끝없는 물결이 비단을 편 듯 고요하다

윤선도의 유적지, 해남 녹우당

녹우당 안채의 모습

김만중

김만중은 『구운몽』과 『사씨남정기』를 지은 사람으로 유명합니다. 하지만 김만중은 정치가이기도 했습니다.

정치가로 살아갔던 때는 김만중에게 매일이 고난이었습니다. 1687년 숙종이 조사석이라는 인물을 좌의정에 임명했습니다. 그런데 조사석이 장희빈과 친해서 좌의정에 올랐다는 것을 알게 된 김만중은 그것은 잘못된 일이라고 주장했습니다. 결국 당시 막강한 왕권을 지닌 숙종은 김만중을 선천으로 유배를 보냈습니다.

선천 유배에서 풀려난 지 얼마 되지 않아 김만중에게는 다시 불행이 닥쳤습니다. 왕실에는 장희빈이 낳은 왕자의 세자 책봉을 둘러싸고 싸움이 일어났습니다. 왕비인 인현왕후를 지지하는 세력과 장희빈을 지지하는 세력 간의 싸움이 아주 심했습니다. 결국 장희빈이 낳은 왕자가 세자가 되었습니다. 결국 인현왕후를 지지했던 김만중은 쫓겨나 남해 노도에 위리안치 되었습니다.

김만중의 유배지, 노도

김만중의 유배지인 노도라는 섬은 경남 남해군에 있는 작은 섬입니다. 노도는 백련마을 선착장에서 배를 타고 들어가야 합니다. 그래서 배를 젓는 노가 반드시 필요했고 마을 사람들은 노를 생명처럼 소중하게 생각했습니다. 그리하여 노도라는 이름이 붙여졌습니다.

현재 노도에는 김만중이 유배 생활을 했던 초가집이 자리잡고 있습니다. 김만중의 묘터에는 김만중이 세상을 떠난 뒤 이곳에 묻혔다가 4개월 뒤에 무덤을 옮겼다고 적힌 표지석이 있습니다. 결국 김만중은 죽은 후에야 그 섬에서 벗어날 수 있었습니다.

　오늘날까지 김만중이 사람들의 기억 속에 남을 수 있는 것은 보석 같은 글을 남겼기 때문입니다.

　어려서부터 글재주가 뛰어났던 김만중은 유배 생활을 하면서 대표적인 작품을 썼습니다. 바로 『사씨남정기』입니다. 이 소설은 숙종, 인현왕후, 장희빈을 비유하여 지은 것으로, 숙종과 장희빈을 비판하는 내용이었습니다. 그 당시에는 '장다리는 한철이나 미나리는 사철'이라는 노래가 불릴 만큼 장희빈에 대한 시선이 곱지 않았습니다. 여기서 장다리는 장희빈을, 미나리는 인현왕후를 가리키는 말입니다. 그리하여 이 소설은 당시의 최고 인기 소설이 되기도 했습니다. 훗날 숙종이 우연히 이 작품을 읽은 뒤, 마음을 돌려 쫓아냈던 인현왕후를 다시 불러들였다고 전해지고 있습니다.

　또한 김만중은 어머니를 생각하는 마음이 지극했습니다. 『구운몽』은 이러한 김만중이 어머니를 위해 지은 것이라 전해집니다. 하지만 유배 중에 어머니가 돌아가셨다는 소식을 들은 김만중은 점점 몸과 마음이 야위어 갔고, 결국 1692년 4월에 세상을 떠났습니다.

정약용과 정약전

실학을 집대성한 인물로 유명한 정약용은 어릴 적부터 책을 부지런히 읽으며 학문을 게을리하지 않았습니다. 실학이란 벼슬이나 학문을 하는 데 있어 현실적인 문제를 고민해야 한다고 주장하는 학문입니다. 즉 낡은 사고와 비합리적인 제도를 바꿔야 좋은 세상으로 나아갈 수 있다는 것입니다. 정약용은 이러한 실학사상을 바탕으로 정치와 경제, 사회의 혁신을 주장했습니다. 정약용은 공부든 일이든 언제나 정성을 다했고 나라와 백성을 위해 늘 고민했습니다. 말과 행동이 일치했으며, 굳건한 의지를 지녔고 마음 또한 따뜻한 사람이었습니다.

다산 정약용

정약전은 정약용의 둘째 형입니다. 정약전 역시 동생처럼 어릴 적부터 학문에 대한 관심이 많았습니다. 특히 서양의 학문과 천주교의 사상을 접하면서 천주교 신자가 되었습니다.

1801년 신유사옥이라는 천주교를 탄압하는 사건이 발생하였습니다. 정약용과 정약전은 천주교를 믿는다는 이유로 유배를 가게 되었습니다. 정약용은 강진으로, 정약전은 흑산도로 유배되었습니다.

정약용은 강진에서 힘들게 유배 생활을 했습니다. 그러나 정약용은 학문을 닦으며 글을 쓰는 것을 게을리하지 않았습니다. 강진에 있는 다산초당은 정약용이 18년간의 유배 생활 중 10년 동안 머물렀던 곳입니다. 이곳에서 조선 후기 실학사상을 집대성한 『목민심서』를 썼습니다. 그뿐만이 아니라 실학에 바탕을 둔 책을 500여 권이나 썼으며, 제자들을 가르쳤습니다.

다산초당에 가면 정약용의 유배 생활을 느낄 수 있습니다. 특히 다조, 약천, 정석, 연지석가산이라는 네 군데의 장소를 '다산사경' 이라고 부릅니다. 먼저 다조는 마당 앞에 놓여 있는 돌로 차를 끓이는 부뚜막입니다. 약천은 맑은 약수가 솟아오르는 초당 뒤에 있는 샘입니다. 그리고 정석은 유배에서 풀려 이곳을 떠나기 전에 자신의 발자취를 남기기 위해 글씨를 새겨 놓은 바위입니다. 마지막으로 연지석가산은 초당의 뜰에 정약용이 직접 파서 만든 아담한 연못을 말합니다.

정약용이 강진에 유배되어 지내는 동안 많은 선비와 신하들이 유배에서 풀어줄 것을 요청했지만 권신들의 반대로 쉽게 이루어지지 않았습니다. 마침내 1818년에 정약용은 유배에서 풀려났습니다. 그 후, 정약용은 고향으로 돌아가서 평생 글을 썼으며, 1836년에 세상을 떠났습니다.

강진의 다산초당

정약전의 유배지, 흑산도

정약전은 흑산도에서 동생 정약용처럼 아이들을 가르치고 책을 쓰면서 유배 생활을 했습니다. 정약전이 이곳에서 10여 년 동안 쓴 『자산어보』는 우리나라 최초의 수산학을 다룬 서적입니다. 이 책은 흑산도 근처의 226종의 해양생물에 대한 것입니다. 어류를 비롯하여 해조류, 패류 등 해양생물의 자세한 특징과 쓰임새 등이 기록되어 있습니다. 특히 이 책을 통해 백성들이 실생활에 필요한 정보를 얻고 삶에 도움이 되기를 바라는 마음이 담겨 있습니다. 이 책을 통해 정약전 역시 동생 정약용처럼 실학사상에 관심이 많았다는 것을 알 수 있습니다.

유배 생활 동안 쓴 정약전의 다른 책으로는 소나무 정책에 대한 자신의 의견을 쓴 『송정사의』와 우이도의 어부가 바다에 표류하였다가 4년 만에 중국을 통해 들어온 이야기를 듣고 쓴 『표해록』 등이 있습니다.

유배지에서 동생 정약용과 주고받은 편지로 정약전의 성품과 학문적 깊이를 엿볼 수 있습니다. 정약전이 학문의 세계로 깊이 들어가는 때는, 동생 정약용의 글을 읽고 생각할 때였습니다. 정약용이 책을 끝까지 제대로 쓸 수 있도록 정약전은 많은 힘을 실어 주었습니다.

정약전은 정치, 경제, 천문, 수학, 과학 등을 아우를 정도로 학문에 대한 이해가 깊었습니다. 육지에 있던 동생에 비해 고립된 섬에 있었던 정약전은 서적을 구하기가 어려웠습니다. 하지만 열악한 환경 속에서도 학자로서의 삶을 꾸준히 살아갔습니다. 끊임없이 탐구하는 자세로 학문적 호기심을 잃지 않았습니다. 자신이 직접 자연 현상을 관찰하고 연구하여 책을 썼으며, 아이들을 가르치는 일도 즐거워했습니다.

또한 불의한 세상과 단절하며 학문만을 닦은 정약용과는 달리 정약전은 흑산도 사람들과도 친하게 어울렸습니다. 정약전은 양반의 세상을 버리고 평민의 세상으로 들어간 것입니다.

어느 날, 정약용의 유배가 풀린다는 소식을 들은 정약전은 흑산도 앞의 우이도로 건너가려 했습니다. 자신을 보기 위해 두 번씩이나 배를 타야 하는 동생을 걱정하는 마음에서였습니다. 그런데 정든 흑산도 사람들이 가지 못하도록 막아 정약전은 밤에 몰래 우이도로 갔습니다. 하지만 그 소식은 잘못된 것이어서 동생을 볼 수는 없었습니다. 다음 날, 흑산도 사람들은 우이도로 찾아가 정약전을 흑산도로 데려왔습니다. 흑산도 사람들이 정약전을 사랑했다는 것을 알 수 있는 일화입니다. 정약전은 결국 동생을 보지 못한 채, 유배 15년 만에 세상을 떠나고 말았습니다.

김정희

세도정치 왕실의 근친이나 신하가 강력한 권세를 잡고 나랏일을 마음대로 하는 정치를 말합니다.

대리청정 왕이 병이 들거나 나이가 들어 나랏일을 제대로 돌볼 수 없을 때, 왕 대신 나라를 돌보는 것을 말합니다.

순조가 즉위한 뒤부터 70여 년간 이어진 세도정치* 속에서 김정희는 살았습니다. 안동 김씨와 풍양 조씨가 팽팽히 맞서고 있을 때였습니다. 안동 김씨는 순조의 처가였고, 풍양 조씨는 순조의 아들인 효명세자의 처가였습니다. 안동 김씨는 정순왕후가 죽고 순조가 직접 정치를 맡자 권력을 쥐게 되었습니다. 순조는 이런 안동 김씨의 세력을 막기 위해 1827년 효명세자에게 대리청정*을 시켰습니다. 조씨를 이용해 김씨의 힘이 커지는 것을 막고자 했던 것입니다.

1830년, 효명세자가 세상을 떠나자 순조가 복귀하게 되고 김씨 세력이 권력을 쥐게 되었습니다. 그 뒤 순조가 죽고 헌종이 즉위하면서 김씨의 세력은 더욱 막강해졌습니다. 이후 안동 김씨의 세도정치가 20여 년 동안 이어져 왔습니다.

김씨 세력은 그동안 못마땅하게 생각한 세력이나 조씨 세력을 공격하기 시작했습니다. 그중 하나가 바로 추사 김정희의 집안이었습니다. 김정희는 청나라 학자들과 교류하면서

추사 김정희

학문과 예술을 넓혀 가고 있었습니다. 그런데 1840년에 10년 전 일어났던 '윤상도의 옥' 사건으로 제주도로 유배를 가게 되었습니다.

'윤상도의 옥'이란 윤상도라는 사람이 1830년 박종훈 등을 탄핵하는 상소를 올렸다가 추자도에 유배된 사건입니다. 그때 이 상소문의 배후자로 김정희의 아버지가 거론된 적이 있었습니다. 그런데 10년 후인 1840년에 이 일이 다시 거론되기 시작한 것입니다. 김정희는 험한 고문과 매질을 받으면서도 끝까지 승복하지 않았습니다. 일부에서는 사형을 주장하기도 했지만 친구 조인영의 도움으로 목숨만은 구할 수 있었습니다. 그리고 김정희는 제주도에서 약 8년 정도의 유배 생활을 했습니다.

김정희의 유배지

실학파의 선두주자 박제가의 제자였던 김정희는 경학, 역사학, 천문학 등의 다양한 학문을 두루 배우고 익혔습니다. 또한 유배 생활을 하면서 시, 서예, 그림에 깊이를 더해 갔습니다. 특히 추사체는 간결하면서도 울림이 깊고, 강하면서도 부드러움이 느껴집니다.

또한 국보 제180호 세한도는 김정희가 59세 때 그린 그림입니다. 겨울을 배경으로 집 옆에 소나무와 잣나무가 하늘을 향해 있는 풍경입니다. 소나무와 잣나무는 겨울이 되어도 여전히 푸르고 가장 늦게 시든다는 것을 보여주고 있습니다. 즉, 의리와 신의를 갖춘 사람은 겨울이 와도 변하지 않는다는 뜻이 담겨 있습니다.

김정희는 유배에서 풀려난 후 과천에서 숨어 지내다 71세에 세상을 떠났습니다. 어느 사관이 김정희에 대해 떠올리기를 총명하고 여러 책을 읽어 모르는 것이 없었던 당대에 손꼽히는 장인이었다고 했습니다.

유배지에서 보낸 편지

- 두 아들에게 당부하며 (정약용)
- 아내를 그리워하며 (김정희)
- 신분을 뛰어넘어 (허균)

두 아들에게 당부하며 (정약용)

다산 정약용은 낯선 땅에서 사오십 대를 보내며 18년 동안 유배 생활을 했습니다. 유배 생활을 하면서도 학문을 게을리하지 않고 수백 권의 저서를 남겼습니다. 가족과 멀리 떨어져 지냈지만 두 아들 학연과 학유에게 공부를 게을리하지 않을 것을 당부하는 편지를 종종 보냈습니다. 정약용의 편지에는 가족을 늘 사랑하며 염려하는 마음이 담겨 있었습니다. 또한 형 정약전에게도 편지를 보냈습니다. 형과 편지를 주고받으며 서로의 학문과 생활에 대한 조언을 아끼지 않았습니다. 다음은 두 아들에게 보내는 편지입니다.

아버지는 유배 생활 10년째 되는 해 가을에
두 아들에게 이런 사연을 띄운다.

'나는 너희들에게 논밭을 남겨 줄 만한 벼슬을 못 했으니
오직 두 글자의 신비로운 부적을 주겠다.
그러니 너희는 이것을 소홀히 여기지 말아라.'

이와 같이 당부하면서,
한 글자는 '근(勤)'이고 또 한 글자는 '검(儉)'이다.

부지런함과 검소함, 이 두 글자는
좋은 논밭이나 기름진 토지보다 나은 것이니
평생을 두고 필요한 곳에 쓴다 할지라도
다 쓰지 못할 것이라고 했다.

그러면 부지런함이란 무엇을 말하는가.
오늘 할 수 있는 일을 내일로 미루지 말며,
아침에 할 일을 저녁때까지 미루지 마라.
맑은 날에 해야 할 일을 비 오는 날까지 끌지 말며,
비 오는 날에 해야 할 일을 날이 갤 때까지
늦추어서는 안 된다.

집안 식구들이
한 사람도 놀고먹는 사람이 없게 하고,
한순간도 게으름이 없는 것을 부지런함이라 한다.

또 검소함이란 무엇인가.
한 벌의 옷을 만들 때마다 이 옷을 먼 훗날까지
입을 수 있는지 헤아려 보라.
가는 베로 만들면 머지않아 해지고 말 테니
질박한 천으로 만들어 입어라.

음식도 목숨을 이어 가면 그것으로 족한 줄 알거라.
맛있고 기름진 음식을 탐하면 결국 변소에 가서
대변보는 일에 정력을 소모할 뿐이다.

이와 같은 생각은 당장의 어려운 생활조건을
극복하는 일시적인 방편이 아니라,
여유 있는 가정일지라도 집안을 다스리고
몸을 바르게 하는 항구적인 생활규범이다.
그러니 가슴 깊이 새겨 두라고 거듭 당부한다.

아내를 그리워하며 (김정희)

김정희는 한양에서 멀리 떨어져 있는 제주도로 유배를 갔습니다. 아내가 정성 들여 음식을 만들고 옷을 지어 제주도로 보냈지만 오랜 시간이 지난 후에야 물건들이 도착했습니다. 이에 김정희는 안타까운 마음을 담아 편지를 썼습니다. 편지의 내용에는 아내를 그리워하는 마음이 담겨 있습니다.

오늘 집에서 보낸 서신과 선물을 받았소.
당신이 봄밤 내내 바느질했을 시원한 여름옷은
겨울에야 도착을 했고
나는 당신의 마음을 걸치지도 못하고
손에 들고 머리맡에 병풍처럼 둘러놓았소.
당신이 먹지 않고 어렵게 구했을 귀한 반찬들은
곰팡이가 슬고 슬어
당신의 고운 이마를 떠올리게 하였소.
내 마음은 썩지 않는 당신 정성으로 가득 채워졌지만
그래도 못내 아쉬워

집 앞 붉은 동백 아래 거름 되라고 묻어 주었소.
동백이 붉게 타오르는 이유는
당신 눈자위처럼 많이 울어서일 것이오.

내 마음에 찬바람이 불기 시작하였소.
문을 열고 어둠 속을 바라보았소.
바다가 마당으로 몰려들어 나를 위로하려 하오.
섬에는 섬의 노래가 있으오.

내일은 잘 휘어진 노송 한 그루 만나러
가난한 산책을 오래도록 즐기려 하오.
바람이 차오.
건강 조심하오.

신분을 뛰어넘어 (허균)

허균은 서얼 출신의 스승이 있었습니다. 허균은 스승을 통해 서얼 친구들을 사귀게 되었습니다. 그리고 그들을 도우며 사회의 부조리에 눈을 떴습니다. 1607년 허균은 공주 목사로 부임한 후 서얼 친구들을 초대했습니다. 광해군의 일기에는 허균이 공주 관아에 '삼영(서얼인 이재영, 윤재영, 심우영을 빗대어 이르는 말)'을 설치했다고 기록되어 있습니다. 이 일로 허균은 9개월 만에 공주 목사에서 물러나야 했고, 나주 목사 자리도 취소되었습니다.

다음은 허균이 서얼 친구인 이재영에게 안타까운 마음을 전하는 편지입니다.

내 마땅히 녹봉*의 절반을 덜어서 자네를 부양하겠네.

재주가 내 열 배는 뛰어나지만 세상에서 버림받으니 나보다 심하네.

빨리 와 주게. 자네가 와서 비록 비방을 받는다 해도 내 걱정하지 않겠네.

또한 허균은 당대 뛰어난 시인이자 기생이었던 매창과도 편지를 주고받았습니다. 매창이 38세의 나이로 죽었을 때 허균은 매창의 죽음을 슬퍼하며 시를 짓기도 했습니다. 매창을 향한 허균의 아름다운 우정과 사랑이 느껴지는 시입니다.

> 아름다운 글귀는 비단을 펴는 듯하고
> 맑은 노래는 구름도 멈추게 하네
> 복숭아를 훔쳐서 인간세계로 내려오니
> 불사약을 훔쳐서 인간무리를 두고 떠났네
>
> 부용꽃 수놓은 휘장엔 등불이 어둡기만 하고
> 비취색 치마엔 향내가 아직 남아 있는데
> 이듬해 작은 복사꽃 필 때쯤이면
> 그 누구가 설도의 무덤 곁을 찾아오려나

기생 이매창의 시

녹봉 벼슬아치에게 일 년 또는 계절 단위로 나누어 주던 쌀, 보리, 명주, 베, 돈 따위를 말합니다.

색인

ㄱ
갑인봉사 46
갑자사화 40
구운몽 52, 53

ㄷ
덕변록 47
도형 15

ㅁ
모슬포 14
목민심서 55
무오사화 40

ㅂ
보길도 50, 51

ㅅ
사씨남정기 52, 53
사형 15, 27, 59
삼국사기 11
삼영 68
송정사의 56
실학 54, 55, 56, 59

ㅇ
위리안치 16, 20, 25, 52
유형 15
윤상도의 옥 59
인조반정 48

ㅈ

장형 15

적려유허지 43

정난주 마리아 27

정순왕후 58

조의제문 40

주초위왕 42

중종반정 41, 42

ㅊ

청령포 38, 39

ㅌ

태형 15

ㅍ

표해록 56

ㅎ

하멜 28, 29, 30, 31

하멜표류기 31

허난설헌 45

홍길동전 44, 45

황사영 26, 27

회평군 25

효명세자 58

교과서 쏙 한국사 들여다보기 ❺

우리 조상의 유배 이야기

초판 1쇄 2012년 2월 25일
초판 2쇄 2013년 4월 23일

글 이소정 | **그림** 이은미
펴낸이 안성호 | **편집** 조인성 강별 박재민 | **디자인** 황경실 이보옥
펴낸곳 리젬 | **출판등록** 2005년 8월 9일 제 313-2005-00176호
주소 121-900 서울시 마포구 망원1동 485-14 진흥하임빌 401호
대표전화 02)719-6868 **편집부** 02)3141-6024 **팩스** 02)719-6262
홈페이지 www.ligem.net
전자우편 iezzb@hanmail.net

ⓒ이소정 ⓒ이은미

* 잘못 만들어진 책은 바꾸어 드립니다.
* 이 책의 무단 복제와 전재를 금합니다.
* 책값은 뒤표지에 표시되어 있습니다.

이 도서의 국립중앙도서관 출판시도서목록(CIP)은 e-CIP홈페이지(http://www.nl.go.kr/ecip)와
국가자료공동목록시스템(http://www.nl.go.kr/kolisnet)에서 이용하실 수 있습니다.
(CIP제어번호: CIP2012000606)

ISBN 978-89-92826-72-3 73910